Les Belles HISTOIRES de mes 4 Ans

FSC
www.fsc.org
MIXTE
Papier | Pour une gestion forestière responsable
FSC® C106954

ISBN : 978-2-7470-9831-1

18, rue Barbès – 92120 Montrouge – France
Dépôt légal : juin 2019
Imprimé en Slovénie – 5e édition
Loi n° 49-956 du 16 juillet 1949
sur les publications destinées à la jeunesse

Les Belles HISTOIRES de mes 4 Ans

bayard jeunesse

Sommaire

René Gouichoux • Éric Gasté

Le loup vert

Il était une fois un loup vert, aussi vert qu'une belle pomme verte. Il s'appelait Raoul. Un jour, Raoul arrive dans la forêt des loups gris. Or, ce jour-là, les loups gris jouent au foot.

Comme Raoul adore le foot, il s'approche, et il dit :
– Salut, les potes, ça boume ?
Les loups gris s'arrêtent de jouer
et se tournent vers Raoul.

L'un d'entre eux commence à rire :
– Vert ! Mais ce n'est pas une couleur pour un loup !
Il bombe le torse, et il dit encore :
– Gris ! Voilà la seule couleur digne d'un loup !
Raoul dit timidement :
– Mais vert, c'est ma couleur…
Le loup gris répond en se tapant les cuisses :
– Eh bien, change de couleur !
Les autres loups gris rient
en se tapant les cuisses eux aussi :
– Ben oui, change de couleur !
Raoul s'en va, et en chemin il se dit :
– Gris ! Il faut que je devienne gris.

Raoul court jusqu'à la ville, et il entre dans une boutique de vêtements. La marchande lui demande : – Vous désirez? Raoul répond : – Des habits, s'il vous plaît.
La marchande propose : – Du vert peut-être… pour aller avec la couleur du visage? Raoul s'écrie : – Ah, ça non! Pas de vert. Plus de vert. Du beau gris, s'il vous plaît.

Et c'est ainsi que Raoul s'en retourne dans la forêt,
gris de la tête aux pieds : bonnet, jogging, chaussettes, baskets…
Il porte même un masque gris.
Quand il arrive, les loups gris jouent à la course.
Justement, Raoul adore la course.
Il dit : – Bonjour, les amis, ça va ?

Les loups gris cessent de courir. L'un d'eux remarque la queue, la longue queue de Raoul. Il murmure :
– C'est bizarre, un loup gris à la queue verte…
Au même instant, Raoul pense :
« Zut, j'ai oublié d'habiller ma queue ! »
En s'enfuyant, Raoul entend les ricanements des loups gris qui se tapent les cuisses.

Mais Raoul n'est pas un loup à se laisser décourager. Il prépare un grand feu. Quand le feu est refroidi et que les cendres sont bien grises, Raoul s'en couvre le corps tout entier, sans oublier sa longue queue verte.

Raoul est si content de lui qu'il sifflote tout le long du chemin menant chez les loups gris. Il réfléchit : « Que vais-je leur dire ? Bonjour, les potes ! ou : Salut, les amis ? »
Soudain, un orage éclate, un de ces orages à ne pas mettre un loup dehors. Raoul, lui, est si pressé qu'il poursuit sa route. Il court pour arriver plus vite. Mais la pluie tombe si fort qu'elle emporte les cendres grises.

Bientôt, Raoul se retrouve plus vert que jamais, aussi vert qu'une belle pomme verte sous la pluie. Il rage, il trépigne : « Puisque c'est ainsi, employons les grands moyens. » Et il retourne à la ville acheter de la peinture, grise évidemment.

Raoul se couvre de peinture, il s'en badigeonne, il s'en étale partout : sur la tête, sur les oreilles, sur les pieds et sur le derrière. Sans oublier sa queue, naturellement.

Pendant ce temps, le soleil revient. Il brille tant que le pauvre Raoul a bientôt trop chaud sous sa couche de peinture. Il transpire, il commence à étouffer, ouvrant tout grand sa gueule pour tenter de mieux respirer.

Heureusement, à ce moment-là, une fée passe.
Rien qu'à voir Raoul se tortiller, elle comprend immédiatement.
Elle lève sa baguette magique et, hip ! hap ! hop !
elle délivre Raoul de sa carapace grise. Puis la fée demande :
– As-tu encore besoin de mes services ?
Raoul gémit :
– Gris ! Je voudrais être gris !

La fée lève de nouveau sa baguette. Hip ! Hap ! Hop !
Et Raoul devient… poisson. Un poisson rouge.
– Ah ! Raté, dit la fée. Mais, dis-moi, ça ne te plaît pas d'être un poisson ? C'est beau, un poisson, ça nage, ça se promène au fond de l'eau…
Raoul pleurniche :
– Gris ! Je voudrais être gris !

– Bien, dit la fée. Elle agite sa baguette.
Hip ! Hap ! Hop !
Et Raoul devient… oiseau.
Un merveilleux oiseau aux mille couleurs.
– Oh, zut ! dit la fée.
Remarque, un oiseau, c'est agréable :
ça vole, ça traverse le ciel, c'est libre.
Raoul sanglote :
– Gris, je voudrais être gris.

La fée agite encore sa baguette. Hip! Hap! Hop!
Et Raoul redevient... loup. Un loup vert.
La fée soupire : – Excuse-moi, je ne suis pas très douée comme fée. Moi, j'aurais préféré être danseuse d'opéra.
Raoul dit en reniflant :
– Je te trouve très bien en fée.
– Vraiment? demande la fée.
– Vraiment, répond Raoul.
La fée dit : – Eh bien, moi, je te trouve très mignon en loup vert. Mais qu'est-ce que tu voulais devenir, déjà?
Raoul répond : – Finalement... je vais rester comme ça.

La fée dit : – Comme tu voudras. Bon courage
et bonne chance !
Puis elle disparaît. Raoul court à toute vitesse
chez les loups gris. Ils jouent à cache-cache.
Cache-cache, c'est le jeu préféré de Raoul.

Alors Raoul s'avance au milieu des loups gris, et il dit :
– Salut, c'est moi!
Et, avant que les loups gris ne disent un seul mot, il ajoute :
– Oui, je suis vert. Et après, qu'est-ce que ça peut faire?

Michel Amelin • Ulises Wensell

Le petit empereur de Chine

Il était une fois, dans un immense palais appelé la Cité Interdite, un petit empereur de Chine et son petit chien qui s'appelait Ouâ-Ouâ.

Ce palais était si grand qu'il fallait un jour entier pour le traverser. Il n'était habité que par des ministres, des suivantes et des soldats.
Personne d'autre n'avait le droit d'y entrer.
Le petit empereur de Chine le savait, c'est le ministre des Habitants qui le lui avait dit.

Et personne n'avait le droit de regarder
le petit empereur de Chine.
Il fallait toujours lui parler en baissant la tête,
car, si on le regardait dans les yeux, on était transformé
en statue, c'est le ministre du Bonjour-Bonsoir
qui le lui avait dit.

Alors le petit empereur de Chine restait tout seul dans son palais.
Il agitait sa tresse pour faire sauter son pékinois Ouâ-Ouâ,
et il changeait chaque jour ses habits tissés d'or,
car un petit empereur de Chine ne doit pas porter
les mêmes beaux vêtements plus d'une fois dans sa vie,
c'est le ministre des Habits qui le lui avait dit.

Le trône était surmonté d'un dragon, tout en or et en jade.
Le dragon portait des mots sur son front.
Le petit empereur de Chine demandait toujours une explication à son ministre de l'École :
– Racontez-moi l'histoire du dragon qui a des mots écrits sur le front.
Je n'ai pas de ministre des Contes, et je m'ennuie.
Alors, le ministre de l'École baissait la tête et il disait :
– C'est le Dragon Aux Yeux Verts, le plus méchant, le plus terrible. Personne ne peut le combattre, sauf l'empereur de Chine. Mais vous êtes trop petit !
Restez avec nous dans la Cité Interdite.

Le petit empereur de Chine n'était pas content, et son pékinois Ouâ-Ouâ non plus.

Un jour, il demande :
– Racontez-moi comment il faut combattre
le Dragon Aux Yeux Verts.
Et le ministre de l'École répond :
– Si l'empereur de Chine réussit à parler au dragon sans mentir
et s'il parvient à écrire les mots EMPEREUR DE CHINE sur
son front, alors, le dragon sera vaincu, et il lui obéira toujours.

Le soir, dans son grand lit, le petit empereur de Chine
ne joue plus avec sa tresse ni avec son pékinois Ouâ-Ouâ.
Il rêve au dragon et à l'aventure.

Soudain, quelqu'un le secoue. C'est une petite fille.
Le petit empereur de Chine a du mal à se réveiller :
– Qui… qui es-tu ? Comment es-tu entrée dans la Cité Interdite ?
La petite fille caresse le chien, et elle chuchote :
– Je m'appelle Tsi-Tsi, je cours vite, je suis petite, et je sais escalader les murs et passer par les fenêtres. Je viens du quatrième village après la Cité Interdite pour vous demander de nous sauver. Nous sommes en danger !
– Mais de quoi parles-tu, Tsi-Tsi ?
– Il faut nous sauver du Dragon Aux Yeux Verts ! Il a enfermé tous les habitants de mon village dans sa grotte. Venez vite ! Tout le monde dit que seul l'empereur de Chine peut combattre le dragon. Et vous êtes l'empereur de Chine !
Le petit empereur de Chine est très étonné.
Tsi-Tsi l'a regardé dans les yeux sans être transformée en statue.
Le ministre du Bonjour-Bonsoir lui aurait donc menti ?

Il se lève, prend Tsi-Tsi par la main, et lui dit :
– Je vais venir, Tsi-Tsi. Je m'ennuie dans mon palais, et je connais l'histoire du Dragon Aux Yeux Verts.
Et ils sortent tout les deux de la Cité Interdite, suivis du pékinois Ouâ-Ouâ. Ils ne réveillent ni les ministres, ni les suivantes, ni les soldats.

Au premier village, les gens meurent de faim. Ils ne reconnaissent pas le petit empereur de Chine. Il disent : – Le Grand Dragon nous a pris toute notre nourriture et nous n'avons plus rien ! Donne-nous l'un de tes beaux vêtements d'or. Nous le vendrons, et nous pourrons acheter quelque chose à manger.
Le petit empereur de Chine se déshabille et leur donne tous ses beaux vêtements. Tsi-Tsi sourit, elle lui prend la main pour le conduire, et le pékinois Ouâ-Ouâ marche devant.

Au deuxième village, les gens meurent de soif. Ils disent :
– Le Grand Dragon nous a volé toute notre eau.
Nous n'avons plus qu'un puits, trop profond
pour notre seule petite corde. Donne-nous ta longue tresse
pour l'attacher au bout de la corde.
Le petit empereur de Chine coupe sa tresse et l'attache
à la corde. Le seau peut descendre jusqu'au fond du puits
et remonter de l'eau.
Tsi-Tsi sourit au petit empereur de Chine, elle lui prend
le bras pour le conduire, et le pékinois Ouâ-Ouâ marche devant.

Au troisième village, les gens pleurent à qui mieux-mieux :
– Le Grand Dragon nous a pris notre joie de vivre.
Depuis, nous sommes toujours malheureux. Donne-nous ton petit chien, il nous amusera et nous rendra la joie.
Le petit empereur de Chine est bien triste, mais il donne son cher petit pékinois Ouâ-Ouâ. Tsi-Tsi sourit, et elle prend le petit empereur de Chine par la main pour le conduire jusqu'à son village, le quatrième village, encore plus loin.

Dans le quatrième village, il n'y a plus personne.
Le Dragon Aux Yeux Verts a emprisonné tous les habitants dans sa grotte.

Quand le dragon voit arriver Tsi-Tsi et son ami,
il gronde en crachant des flammes :
– Tu t'es enfuie, Tsi-Tsi ! Je devrais te manger !
Tsi-Tsi réplique :
– Pour me faire pardonner, je te ramène un nouveau prisonnier !
Le dragon gronde :
– Qui es-tu, misérable ami de Tsi-Tsi ?
Si le petit empereur de Chine dit qu'il est l'empereur de Chine,
le dragon va le dévorer, c'est sûr !
Mais il ne doit pas mentir, c'est le ministre de l'École
qui le lui a dit. Et le petit empereur de Chine répond :
– Je suis l'empereur de Chine !
Le Dragon Aux Yeux Verts éclate de rire :
– Toi ? Ce n'est pas possible ! Où sont tes habits tissés d'or,
ta longue tresse et ton petit chien ? Je connais l'empereur
de Chine. Il a peur de moi, là-bas, dans sa Cité Interdite !
Ha ! ha ! ha ! ha ! Entre dans ma grotte, petit mendiant menteur,
je te mangerai plus tard. Ha ! ha ! ha ! ha !

Quand la nuit arrive, le dragon ferme ses grands yeux verts. Tsi-Tsi fait signe à tout le monde de se taire, et le petit empereur de Chine se lève. Doucement, tout doucement, il grimpe sur la patte aux griffes pointues. Il a si peur qu'il tremble. Il lui semble que les griffes remuent. Et s'il allait se faire dévorer ? Mais il sait ce qu'il doit faire, et sur le front du dragon, vite, vite, il écrit les mots EMPEREUR DE CHINE.

Le dragon ouvre alors ses yeux devenus bleus et dit :

– Tu ne m'avais pas menti, tu es bien l'empereur de Chine ! Demande-moi ce que tu veux, je t'obéirai, car je suis pour toujours ton serviteur !

中国小皇帝

Le petit empereur de Chine a demandé la liberté pour Tsi-Tsi, sa famille et tous les habitants du village. Il a demandé de l'eau, de la nourriture, des fêtes et des feux d'artifice. Il a demandé son pékinois Ouâ-Ouâ. Et il a fait ouvrir les grandes portes de la Cité Interdite.

Et maintenant c'est le petit empereur de Chine qui a beaucoup de choses à apprendre à ses ministres.

Jo Hoestlandt • Claude et Denise Millet

La rentrée des mamans

Ce matin, c'est la rentrée. Pauline s'est réveillée la première. Elle se lève et elle va secouer sa maman qui dort encore. Elle lui dit :

– Réveille-toi, Maman ! Allons, c'est l'heure, on va être en retard à l'école !

Mais sa maman s'enfonce
le visage dans son oreiller et elle répond :
– Non, non et non. Je ne veux pas. Pas déjà !
Il est trop tôt. Et puis, j'ai encore envie
de me promener avec toi, d'aller nager et de jouer
avec ton papa. Non, non et non.
Je ne veux pas aller à l'école !

Pauline dit doucement : – Voyons, Maman, sois raisonnable. Allez, lève-toi !
Tu es grande, tout de même.
Tu sais très bien que l'été ne peut pas durer toujours.
Et après l'été, qu'est-ce que c'est ? C'est… l'automne !
Et à l'automne, qu'est-ce qu'il y a ? La… rentrée !
Voilà. C'est tout. C'est comme ça !

Alors, la maman se lève en ronchonnant.
Elle laisse au placard son short rouge,
son maillot de bain vert, ses sandales blanches
et son sac de plage en plastique.

Elle enfile sa jupe grise. Elle s'énerve un peu parce qu'elle n'arrive pas à l'agrafer :
– S'il te plaît, aide-moi, Pauline.
Cherche mon sac et mes clés !

Elle enfile son imper et ses bottes
et elle prend son sac que Pauline a retrouvé.
Elle dit d'un air boudeur : – Je suis prête.

Et les voilà parties. En chemin, Pauline essaie de distraire sa maman :
– Regarde comme l'automne est joli ! Les feuilles sont déjà dorées. Et l'air est si doux encore. Tu sais, Maman, la journée va passer vite. Tu vas courir au bureau lire ton courrier, taper deux ou trois petits trucs à l'ordinateur, téléphoner à mamie et à tes amies pour leur raconter la rentrée et il sera déjà midi !

Mais Maman boude et elle ralentit le pas.
Pauline se dit : « Elle le fait exprès pour m'énerver ! »
– Allons, marche un peu plus vite, Maman.
Tu vas nous mettre en retard !

À la grille de l'école, il y a plein d'autres mamans qui boudent devant l'entrée. Leurs petites filles et leurs petits garçons font semblant de ne pas s'en apercevoir.
Ils retrouvent tous leurs copains :
– Oh, Pauline ! Tu es allée à la mer ? Ce que tu es bronzée !

Moi, j'étais à la campagne. Il y avait des cochons, des mouches et des myrtilles dans les bois, je te raconterai…
Dans quelle classe tu es cette année?
Oh! Regardez, Mimi s'est fait couper les cheveux!
Ça lui va drôlement bien!

Les mamans parlent aussi entre elles,
mais sans beaucoup d'entrain.

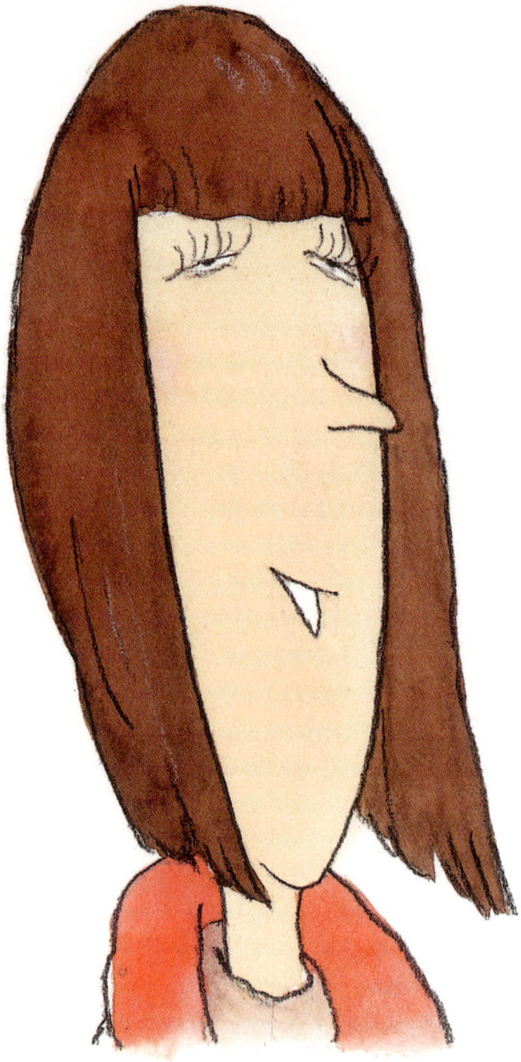

– Mon fils a pris cinq centimètres, dit l'une.

– Le mien, deux kilos, dit l'autre.

– Ma fille a attrapé des papillons, dit l'une.

– La mienne, la rougeole, dit l'autre.

Enfin, la cloche sonne. Les enfants se précipitent dans les bras de leurs mamans. Pauline dit :
– À tout à l'heure, Maman. Bon courage ! File prendre ton autobus maintenant, il est grand temps.

Antoine dit : – Travaille bien, Maman, à ce soir !
N'aie pas peur, il ne m'arrivera rien pendant ton absence.

Nina dit : – Prends tes vitamines, Maman, si tu te sens un peu mollassonne. Et ne perds pas tes clés comme l'an dernier…
Bref, les enfants font leurs dernières recommandations.
Quelques mamans ont la larme à l'œil. Elles reniflent parce qu'elles ont oublié leur mouchoir à la maison.

Certaines ne veulent pas quitter les bras de leurs enfants, d'autres restent accrochées des deux mains à la grille de l'école. Les mamans réclament : – Encore un bisou !
Et comme c'est le jour de la rentrée et que leurs enfants sont très patients, ils leur donnent encore un bisou sur la joue.

Enfin, Pauline prend un air sévère : – Allez, Maman, ça suffit maintenant. Moi, j'ai du travail. À tout à l'heure.
Et les mamans, agrippées à leur sac à main ou à leur caddie, font un dernier signe d'adieu et elles repartent, bien courageusement, vers leurs bureaux, le marché ou la maison.

Quand les mamans sont parties,
les petites filles et les petits garçons sont bien soulagés.

Finalement Pauline dit :
– Ouf ! Ma maman à moi n'a pas fait trop d'histoires, mais elle a été dure à faire lever ce matin !

Nina soupire : – Ma maman à moi a d'abord oublié son sac, puis ses clés, et pour finir elle est partie sans son porte-monnaie. C'est fou ce qu'elle est tête en l'air !

Antoine dit : – Vous savez, il faut bien leur laisser
le temps de s'habituer, c'est dur pour les mamans, la rentrée !

Dans la cour de récréation,
le soleil joue dans les feuilles du marronnier.
Et les enfants peuvent enfin s'amuser !

Claude Prothée • Anne Wilsdorf

J'ai un lion à la maison !

C'est arrivé comme ça :
j'étais sorti un instant pour récupérer
mon courrier dans la boîte aux lettres
et, quand je suis revenu,
il était là, dans le salon.

– Alors, m'a-t-il dit, les nouvelles sont bonnes ?
Il était installé dans mon fauteuil préféré.
J'étais si étonné que je n'ai pu m'empêcher de lui demander :
– Mais… ? Que faites-vous là ?
– Tu le vois, Julien (Julien, c'est mon prénom), je suis assis près de la table…
Puis il a repris : – … table hélas bien dégarnie, car je ne te cache pas que j'ai une faim de…

– … de loup ? ai-je ajouté.
– Non, une faim de lion !
En disant cela, il a agité sa crinière
et il m'a regardé d'une drôle de façon.
Je me suis empressé de lui dire :
– Attendez ! Je reviens tout de suite !

J'ai couru chez monsieur Tripoux, le boucher.
Il m'a demandé : – Que désirez-vous, monsieur Julien ?
Un petit steak haché comme d'habitude ?
J'ai approuvé d'un signe de tête :
– Oui… et vous ajouterez aussi un gros gigot,
quelques kilos de jambon,
et puis aussi ces chapelets de saucisses, là…
Cela a drôlement étonné monsieur Tripoux,
qui s'est exclamé avec admiration :
– Eh bien, quel appétit, monsieur Julien !
Moi, je me suis dépêché de filer à la maison.

J'étais à peine rentré que, déjà,
toutes mes courses étaient avalées.
– Ouf, ça va mieux !
m'a dit le lion en se curant les dents.
Puis, il m'a serré chaleureusement la main
en ajoutant : – Julien, tu es un vrai copain.
Au fait, appelle-moi Sultan, c'est mon prénom.

Le lion et moi, on s'est vite bien entendus. Il y avait une chambre d'ami dans la maison, et Sultan s'y est installé. Je lui ai prêté une paire de pantoufles et une vieille robe de chambre. Naturellement, dans la journée, j'allais au bureau comme d'habitude et, pendant ce temps, Sultan restait à la maison.

Celle qui a été un peu étonnée au début, c'est madame Plumeau, la femme de ménage. Elle trouvait que j'avais de drôles d'amis ! Mais, comme Sultan se comportait en parfait lion au foyer, madame Plumeau y trouva vite son compte : Sultan faisait la vaisselle et il passait l'aspirateur sur les tapis.

Bref, quand elle arrivait,
madame Plumeau n'avait presque
plus rien à faire. Du coup, elle passait
son temps à lire l'avenir
dans les lignes de la patte du lion,
et il adorait ça.

Cependant, quand le soleil rougeoyait à l'horizon, Sultan se souvenait de sa lointaine savane. Le soir venu, il ne pouvait s'empêcher de pousser quelques rugissements. Ces bruits bizarres inquiétaient fort madame Le Greffier, ma voisine. J'ai dû lui expliquer, en faisant semblant de tousser, que c'était moi qui avais un chat dans la gorge.

– Un gros chat alors, m'a répondu madame Le Greffier. Vous devriez consulter un médecin.

Un jour, les frères Filoux, qui sont de célèbres brigands, ont tenté de cambrioler ma maison.
Moi, j'étais au bureau, mais Sultan les a entendus.
Il est sorti brusquement de sa chambre,
et un seul rugissement a suffi
pour que les trois brigands, terrorisés,
courent se réfugier au commissariat du quartier.

Concorde
Havre
v Cindy Les

Quand je suis rentré chez moi, le commissaire en personne m'a félicité :

– Vous vous êtes défendu comme un lion. J'ai dû faire enfermer les frères Filoux dans une maison de fous : ils prétendaient que vous vous étiez transformé en fauve !

La nouvelle de mon exploit s'est répandue dans la ville. On me regardait maintenant avec admiration, mais aussi avec un peu de crainte. On me trouvait changé. Monsieur Tripoux, le boucher, prétendait que c'était à cause des bons steaks qu'il me vendait en abondance.

Bouc
Mo

Notre vie aurait pu se poursuivre longtemps ainsi.
Mais, un soir, en rentrant du bureau,
j'ai trouvé madame Plumeau en pleurs.
– Je l'avais prédit !
a-t-elle dit en me tendant la lettre
que Sultan avait laissée avant de partir.

Désolé, Julien,
mais je rentre chez moi.
Ma savane me manque trop.
Merci pour tout, mon copain !
Je t'enverrai des cartes postales.

Sultan

Sultan a tenu parole.
Depuis, nous nous écrivons régulièrement.

C’est encore un secret, mais,
aux prochaines vacances,
je compte aller visiter sa savane.
Il se peut donc qu’un beau matin,
Sultan me trouve sur sa terrasse,
installé dans son grand fauteuil à bascule.

– Alors Sultan, lui dirai-je malicieusement,
les nouvelles sont bonnes ?

Odile Hellmann-Hurpoil • Régis Faller

Le prince Olivier ne veut pas se laver

Il était une fois
un roi, une reine
et leurs deux enfants.

Les habitants du pays étaient très fiers du roi Hubert, de la reine Isabelle et de la princesse Marinette, mais ils avaient un peu honte du prince Olivier.
Il était pourtant toujours gai, toujours prêt à rendre service. Il n'avait qu'un seul défaut, il ne voulait pas se laver ! Aussi l'avait-on surnommé le prince mal débarbouillé.

Le matin, la reine Isabelle lui disait en l'embrassant :
– Prince Olivier, mon fils, il faut vous laver ! Vos joues sont toutes noires et vos mains toutes collantes !
Mais le prince Olivier répondait :
– Reine Isabelle, ma mère, pourquoi me laver, puisque je vais me salir en jouant dans le parc ?

À midi, le roi Hubert lui demandait :
– Prince Olivier, mon fils,
vous êtes-vous lavé aujourd'hui ?
Et le prince Olivier lui répondait :
– Non, Roi Hubert, mon père, je ne me suis pas lavé aujourd'hui. Mais je me suis lavé les pieds le mois dernier, c'est bien assez !

À l'heure du goûter,
la princesse Marinette s'écriait :
– Quelle horreur ! Prince Olivier, mon frère,
vous avez des poux et vos oreilles sont crasseuses !

Le prince Olivier essuyait sur sa chemise
ses doigts pleins de chocolat et il répondait :
– Princesse Marinette, ma sœur, j'entends très bien
avec mes oreilles. Alors, pourquoi les user en les lavant ?

À la cour, tout le monde est triste
d'avoir un petit prince aussi sale.
Le roi Hubert prend sa grosse voix :
– Prince Olivier, mon fils, si vous ne vous
lavez pas, vous irez dormir avec les cochons !
Mais le prince Olivier ne se lave pas.
Il sait bien que son père l'aime trop
pour l'envoyer dormir avec les cochons.

La reine Isabelle le menace :
– Prince Olivier, mon fils, si vous ne vous lavez pas, vous n'aurez plus de gâteau au chocolat !
Mais le prince Olivier ne se lave pas. Il sait bien que sa mère l'aime trop pour le priver de gâteau au chocolat !

La princesse Marinette
ne veut plus s'asseoir à côté de lui.
– Prince Olivier, mon frère, vous sentez mauvais !
Alors là, le prince Olivier se met à pleurer
très fort en criant que ce n'est pas vrai,
qu'il ne sent pas mauvais, que sa sœur est
une menteuse et une méchante !
La princesse Marinette aime trop son petit
frère pour le laisser pleurer. Elle retourne
s'asseoir à côté de lui. Et le prince Olivier
ne se lave toujours pas !

Un soir, la grand-mère du prince Olivier,
la reine Marguerite, arrive au palais.
On lui raconte que le prince
ne veut toujours pas se laver.

Alors, en grand secret, pour ne pas réveiller le prince,
la reine Marguerite réunit tout le monde,
le roi, la reine, la princesse Marinette,
les gardes, les valets, les servantes, les cuisiniers.
Tous ensemble, ils établissent un plan de bataille.

Le lendemain matin,
le prince Olivier est très étonné de trouver des bols et des cuillères sales sur la table de la salle à manger. Il demande un bol et une cuillère propres. La servante lui dit qu'il n'y en a plus, qu'elle ne fait plus la vaisselle pour ne pas user les bols, ni les assiettes.

Et que, d'abord, ça ne sert à rien de les laver puisqu'on les resalit en mangeant dedans. Le prince Olivier trouve que c'est vraiment dégoûtant de déjeuner dans un bol qui n'a pas été lavé !

Le prince Olivier traverse le palais. Que se passe-t-il ?
Des papiers de bonbons, des mégots de cigarettes, des épluchures de cacahuètes traînent par terre.
De la poussière, des toiles d'araignées recouvrent les meubles.

Un valet passe par là. Le prince Olivier lui dit :
– Il faut faire le ménage !
Mais le valet répond :
– Prince Olivier, j'ai balayé hier, c'est bien assez !
Et les araignées ne vont pas vous manger !

En l'honneur de la reine Marguerite, la famille royale est réunie dans la grande salle de gala. La reine Isabelle, vêtue d'une vieille robe de chambre, a de gros bigoudis sur la tête. Son rouge à lèvres a coulé et lui barbouille le menton. Le roi Hubert n'est pas rasé. Il est coiffé d'un vieux bonnet de laine et il est encore en pyjama.

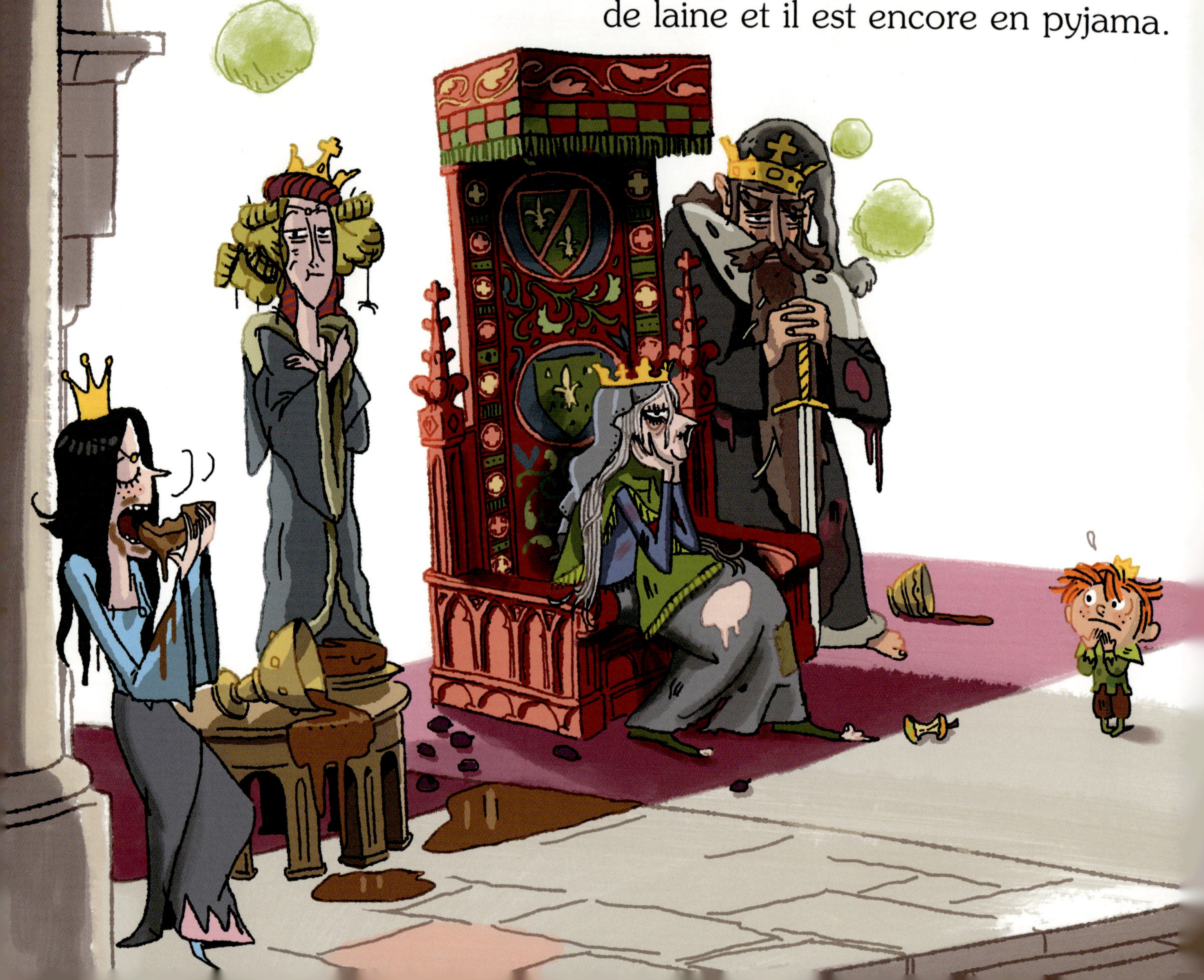

La reine Marguerite ressemble à une vieille sorcière.
Ses cheveux blancs, tout emmêlés, pendent sur un vilain châle plein de taches. Ses orteils prennent l'air dans ses savates percées.
La princesse Marinette à la figure barbouillée de chocolat et elle essuie ses mains pleines de boue sur son chemisier bleu.

Le prince Olivier croit rêver.
Il pense que, vraiment,
tout va de travers au palais !
Que sa mère, son père,
sa grand-mère et sa sœur sont sales !
Ils sont trop moches !
Et ça n'a même pas l'air de les gêner !

Toute souriante, la reine Marguerite lui dit :
– Prince Olivier, mon petit, nous avons décidé
de nous laver seulement une fois par an.
C'est bien suffisant !
Après tout, vous avez raison,
pourquoi se laver tous les jours
puisqu'on se salit tous les jours ?
Et nos vieux habits tachés,
nos cheveux mal coiffés
ne nous empêchent ni de dormir ni de manger !

Le prince Olivier ne répond pas.
Il n'est pas content, pas content du tout.
Tant que lui seul ne se lavait pas, ne se coiffait pas,
portait des vêtements crasseux,
il trouvait ça très bien.

Mais si tout le monde fait comme lui,
ça ne va plus !

Le lendemain matin, il s'enferme dans la salle de bains.
Alors, un bruit court dans tout le palais :
– Le prince Olivier se lave ! Le prince Olivier se lave !

Tout est redevenu comme avant au palais.
Enfin, pas tout à fait comme avant.
Car on n'entend plus jamais la reine Isabelle dire :
– Prince Olivier, mon fils, il faut vous laver !

Xavier Gorce • Yves Calarnou

Le gros chagrin d'Edgar

De mémoire de cochon, de mémoire de canard, jamais dans une ferme, on n'a vu d'âne plus heureux qu'Edgar ! Car jamais dans une ferme on n'a vu d'âne plus gâté. Parce que le seul travail d'Edgar, c'est manger le plus possible de chardons dans le Grand-pré-d'en-bas.
Les chardons, Edgar, il adore ça !
Il les mange si consciencieusement qu'il en a gagné un bon petit bidon bien rond d'âne-mangeur-de-chardons.

Mais la principale raison du bonheur d'Edgar, c'est l'amour que lui porte son maître, Gaston. Car, si l'on n'a jamais vu d'âne plus heureux qu'Edgar, jamais on n'a vu de maître plus aimant que Gaston. Tous les matins, Gaston apporte à Edgar trois ou quatre bonnes grosses carottes fraîchement cueillies. Gaston dit : – Bonne journée, Edgar !
– HI-HAN ! répond Edgar.
Puis Gaston emmène Edgar manger ses chardons au Grand-pré-d'en-bas.

Dans la ferme, il y a bien quelques jaloux qui disent :
– Edgar, c'est le chouchou !
Il y a bien quelques poules qui papotent, quelques canards qui cancanent, et quelques jars qui jasent...
Bof ! Edgar s'en moque. Edgar est heureux, et voilà tout.

Jusqu'au jour où Gaston revient du marché avec une dinde sous le bras. C'est une simple petite dinde dans son joli costume de plumes noires. Dès qu'elle arrive à la ferme, les poules se précipitent vers elle :

– D'où viens-tu ?

– Sais-tu jouer à gobe-caillou ?

Mais la dinde, qui s'appelle Marie-Delphine, fait la fière.
Très vite, les poules la prennent en grippe.
– Non mais, pour qui se prend-elle, celle-là ? disent-elles.
– Marie-Delphine, quelle pimbêche !
Les jours passent, et Marie-Delphine n'a encore adressé la parole à personne.
Mais il y a pire : on s'aperçoit très vite qu'elle est la mieux nourrie de tous…

Gaston la nourrit deux fois par jour !
Parfois, il la prend sur ses genoux
pour lui tâter les cuisses.
Il veut être sûr
qu'elle ne manque de rien.
Les poules sont furieuses !
Edgar aussi trouve
que Gaston exagère.

Pourtant Gaston n'oublie pas Edgar. Tous les matins, il lui apporte de bonnes carottes. Oui... mais voilà : de jour en jour, Edgar les trouve...
un peu moins juteuses,
un peu moins croquantes,
un peu moins sucrées...
Si bien qu'à la fin il les touche à peine.
Il n'arrête pas de penser à cette idiote de Marie-Delphine, toute fière d'être cajolée par Gaston. Et tandis que, chaque jour, elle devient plus grasse dans son beau costume de plumes noires, petit à petit, Edgar perd son bon petit bidon d'âne-mangeur-de-chardons.

Une nuit qu'il neige à gros flocons,
Edgar est réveillé en sursaut.
Il voit Gaston dans la cour de la ferme
qui court de tous côtés en criant :
– La dinde, où est donc passée
cette idiote de dinde ?

Gaston entre dans l'étable, il plonge dans la paille, il fouille, il fouille, mais il ne trouve rien. Alors, déçu, il se confie à Edgar :
– Depuis des semaines, je bichonne cette dinde, je l'engraisse pour la manger le soir du réveillon, et voilà que, juste la veille, paf ! elle disparaît. J'ai beau la chercher partout, elle s'est envolée !
À ces mots, Edgar comprend tout ! Il se dit :
« Comment ai-je pu me rendre malade à cause de cette malheureuse dinde ? » D'un coup, il se sent soulagé.

Le soir du réveillon passe… sans dinde pour Gaston.
Le lendemain, pour fêter la nouvelle année,
Gaston emmène Edgar au Grand-pré-d'en-bas.
– Ce n'est pas parce que je n'ai pas eu de dinde
que tu n'auras pas de bons chardons, lui dit-il.
Régale-toi, mon brave Edgar !
Et Edgar travaille donc à se refaire
un bon petit bidon d'âne-mangeur-de-chardons.

Mais, soudain, un drôle de sac de plumes
lui tombe dans les pattes. Marie-Delphine !
C'est bien elle, mais dans quel état !
Ses plumes sont grises et trempées,
elle grelotte de froid et de peur, et elle supplie :
– Edgar, s'il te plaît, cache-moi !
Je ne veux pas être mangée…
Et elle s'effondre, épuisée.
Edgar est stupéfait. Est-ce cette Marie-Delphine,
si fière, qui lui parle ainsi ?

Alors, Edgar la conduit vers son étable,
et lui fait dans la paille
une cachette bien chaude.
Il a envie de s'occuper de Marie-Delphine,
de l'aider à se refaire une santé.
Mais… que va dire Gaston ?
Voudra-t-il toujours la manger ?
En voudra-t-il à Edgar de l'avoir protégée ?

Pourtant Gaston n'oublie pas Edgar. Tous les matins, il lui apporte de bonnes carottes. Oui… mais voilà : de jour en jour, Edgar les trouve…
un peu moins juteuses,
un peu moins croquantes,
un peu moins sucrées…
Si bien qu'à la fin il les touche à peine.
Il n'arrête pas de penser à cette idiote de Marie-Delphine, toute fière d'être cajolée par Gaston. Et tandis que, chaque jour, elle devient plus grasse dans son beau costume de plumes noires, petit à petit, Edgar perd son bon petit bidon d'âne-mangeur-de-chardons.

Depuis ce jour-là,
Edgar et Marie-Delphine ne se quittent plus.
Oh, il y a bien quelques poules qui papotent,
quelques canards qui cancanent,
quelques jars qui jasent, mais Edgar s'en moque !
Car, de mémoire de cochon,
de mémoire de canard,
dans une ferme,
on n'a toujours pas vu d'âne
plus heureux qu'Edgar !

Yvan Pommaux

J'veux pas y aller !

Demain, c'est la rentrée des classes.
Pablo a décidé qu'il n'irait pas à l'école.
– Tu iras ! dit Maman.
– J'veux pas y aller ! dit Pablo.
– C'est ce qu'on verra ! dit Maman.
– Je suis malade ! dit Pablo.
– Si tu es malade, mon chéri,
dit Maman avec un sourire moqueur,
il faut vite aller te coucher…

GARAGE
LA RENTRÉE

Pablo est furieux.
– Maman ne croit pas un instant
que je suis malade, pense-t-il.
Mais comme j'ai dit que je l'étais,
je dois aller au lit.
Il se glisse dans les draps avec Gnouf,
la panthère noire.
C'est sa peluche préférée.
Il lui chuchote, têtu : – J'veux pas y aller…
J'veux pas y aller… J'veux pas y aller…

Maman entre dans la chambre.
– Je vais te lire une histoire, mon chéri,
dit-elle en brandissant un livre
que Pablo reconnaît.
Pablo aime beaucoup ce livre,
mais il a décidé de faire la tête.
Il ronchonne : – Si c'est l'histoire
de la fille qui n'aime pas les garçons
et qui court plus vite qu'eux,
c'est pas la peine,
je la connais par cœur.
Maman insiste :
– Cette fille a un joli nom,
elle s'appelle Atalante…

ATALANTE

– Je sais… Je sais…, dit Pablo.
Elle promet d'épouser
celui qui la battra à la course.
Elle se croit la plus forte,
mais un petit malin arrive
avec trois pommes d'or
qu'une magicienne lui a données.
En courant, il sème les pommes,
Atalante perd du temps à les ramasser,
elle arrive deuxième, point final.
– Ta façon de raconter
manque un peu de poésie,
dit Maman en sortant de la chambre.
Elle ajoute : – Dors à présent,
demain tu te lèves tôt.
– J'veux pas y aller ! bougonne Pablo.
Il bâille.
– Cette histoire est idiote, dit-il à Gnouf.
Les garçons courent plus vite que
les filles et puis c'est tout…
Il s'endort.

ALANTE

Cette nuit-là, le lit de Pablo
se mit à tanguer doucement.
Une rivière traversait
la jungle de la chambre.

Emporté par le courant,
Pablo vogua longtemps.
– Inutile de résister,
sifflait le serpent.
– Laisse-toi porter !
criaillait le calao.
– Tu iras ! piaillaient
les oiseaux.
– Que tu le veuilles
ou non !
feulait le tigre.
– Non ! dit Pablo
en leur clouant
le bec à tous.
J'veux pas y aller !

Le lit radeau s'échoua
sur une plage.
Une très jolie princesse
de la jungle attendait Pablo.
Dès qu'il eut mis un pied
sur le sable, elle le provoqua :
– On fait la course ?
– D'accord ! dit Pablo.

La princesse
était ultrarapide.
Une fusée !
Tout en courant,
Pablo jeta devant lui,
l'une après l'autre,
trois pommes d'or
qui se trouvaient
miraculeusement
dans son sac.
La princesse perdit
un temps fou
à ramasser ces fruits
qui la fascinaient.
– Prem's ! hurla Pablo
en franchissant
la ligne d'arrivée.
Il avait gagné
la course d'un cheveu.
Épuisé, Pablo s'endormit.

On le secoue, on l'appelle :
– Pablo !
Debout, c'est l'heure !
Maman, assise au bord du lit,
sourit à son garçon.
Pablo s'éveille,
ses premiers mots sont :
– J'veux pas y aller !
Maman se lève, exaspérée.
Son sourire s'efface.
Il n'y a plus aucune gentillesse
dans sa voix quand elle dit :
– Debout ! Et vite !

Sur le chemin de l'école,
Maman tire Pablo qui traîne les pieds,
au bord des larmes.
Il ne va quand même pas pleurer !
Il est grand !
Soudain, il aperçoit une fille
que son papa tient par la main
devant l'école Maurice Sendak.
Pablo court,
vole et s'arrête pile devant elle.
– Bonjour ! Moi, c'est Pablo ! Et toi ?
– Atalante ! dit la fille.

ÉCOLE
CE SENDAK
RO

– Joli nom, dit Pablo.
Je parie que tu es forte à la course !
– C'est vrai, dit Atalante.
Je bats la plupart des garçons.
Pablo sort une pomme de son sac
et l'offre à sa nouvelle amie.
– Ne crois pas m'avoir avec des pommes,
dit-elle. Je connais l'histoire.
Je te battrai à la course
avec ou sans pomme !
– On verra ça à la récréation…, dit Pablo.
– Tu aimes l'école ? demande Atalante.
– J'adore ! répond Pablo.

Les Belles HISTOIRES

Retrouvez dans la même collection

Le doudou du loup

Drôle de cadeau dans le traîneau !

L'ogre qui avait peur des enfants

Le gros chagrin d'Edgar

La valise d'Élise

Les Trois Cochons Petits et le Méchant Grand Loup

L'école est à nous !

Ouste, les loups !

Le prince Olivier ne veut pas se laver

Le placard aux sorcières

Le dragon des Pluies

Une famille pour Duvet

Le dessin magique

Mon hamster à roulettes

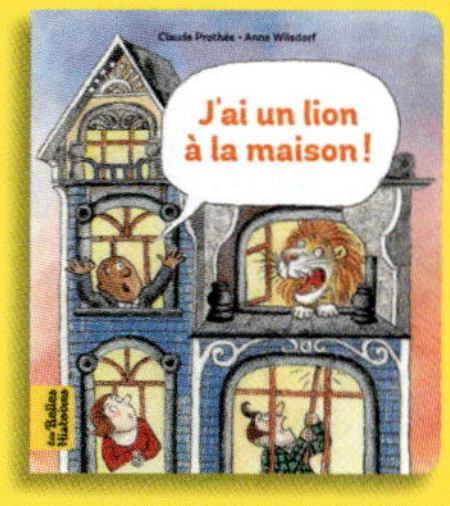
J'ai un lion à la maison !

Chep et Dédé

Je ne veux pas sortir de mon lit !

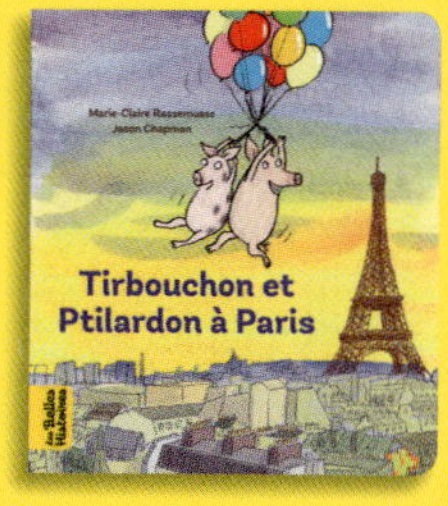
Tirbouchon et Ptilardon à Paris

En route pour la Chine

Un bébé... et moi alors ?

Le dragon et la princesse

Je suis un chat bleu